InCanto

Aber bei meiner Liebe und Hoffnung beschwöre ich dich: wirf den Helden in deiner Seele nicht weg!

(Friedrich Nietzsche, *Also sprach Zarathustra)*

Klaus Happel

InCanto

EDITION KULTURWERKSTATT

InCanto, Klaus Happel
ISBN 978-3942961608
Korrigierte und erweiterte Ausgabe August 2017
Herausgeber: Edition Kulturwerkstatt
Produced by Transmedia Publishing 2017
Cover design: Klaus Happel
Cover Fotos: ©Peter Weber
©Transmedia Publishing 2017
Sheet Music "Epilog - Erwachen": ©Klaus Happel 2017
InCanto_Ver_20817_CSP

Inhalt

Intro	7
InCanto	9
Stillleben mit Köpfen	14
Antifantilismus	16
Also sprach	17
Die heiße Scheiße der Republik	18
Lagertage	19
Totenfeier	20
Lobpreis der Gegenwart	21
Wir sind die Avantgarde	24
Zwischenzeiten	25
Wortmaschine	36
Augenblick des Gedenkens	45
Herr B. bekennt sich geirrt zu haben	47
In die bleiche Nacht	48
Letztes Abendmahl	49
Angstzeit	50
Museale Ausbreitung	51
Tanz um den Dom	52
Orpheus singt nicht mehr	54
Spurlos	55
Für alle die es angeht	56

Augen	57
Urdunkel	58
Der Ort an dem du dich verbirgst	59
Ich erinnere mich an dich	60
Eine-Welt-Laden	61
Verbrannte Erde	62
Es kommt eine Nachkriegszeit	63
Visionen	64
Kaufhaus Killer	66
Die bekannten Kriege	68
Magellanische Zeiten	69
Praktische Poesie	71
Epilog	73
EXTRO	76
Erläuterungen und Anmerkungen	80
Zum Text der vorliegenden Ausgabe	86
Über die Cover-Fotos	86
Über den Autor	86

Intro

Dieser Band sammelt Texte, die über einen längeren Zeitraum entstanden sind. Vieles davon wurde ursprünglich als Skizze niedergeschrieben und nie ausgeführt, anderes teilweise ausgeführt, wieder anderes viele Male überarbeitet und beiseite gelegt, um irgendwann zu Ende gearbeitet zu werden.

Dies ist jetzt geschehen und konnte geschehen mit dem Ziel der Veröffentlichung, das dazu zwingt, allem eine endgültige Form zu verleihen und mit dem Ganzen formal und inhaltlich zumindest vorläufig abzuschließen. Dieser Entstehung verdankt sich zudem die Heterogenität der Texte dieses Bandes.

Zu den Texten selbst: Formal handelt sich im weitesten Sinne um Lyrik oder Gedichte, wobei beide Begriffe nur auf einen Teil der Texte passen. Insbesondere die Bezeichnung Lyrik mit ihren Konnotationen von Innerlichkeit, Stimmung etc. scheint mir für einen Teil der Texte fehlzugehen, selbst dann, wenn man Lyrik als literarische *Gattung* vom Lyrischen als *Empfindung* unterscheidet.

Inhaltlich setzen sich viele der Texte mit der Verbindung von Wort und Wirklichkeit auseinander, und man kann diese Auseinandersetzung, wie ich glaube, kaum führen, ohne sich nicht mit Philosophie auseinanderzusetzen, wie Coleridge sinngemäß gesagt hat, da es noch nie einen wirklichen Dichter gegeben habe, der nicht auch gleichzeitig ein profunder Philosoph gewesen sei.

InCanto, der Titel des Bandes, verweist auf Beschwörungen und Zaubersprüche wie die *Merseburger Zaubersprüche* oder den *Ghost Dance* der Sioux u.a., die auf die eine oder andere Weise Eingang in die Texte gefunden haben.

InCanto

I

es gibt einen Krieg der ist kein Krieg
es gibt einen Hass der ist kein Hass

du siehst nicht was du siehst:
es gibt kein Schlachtfeld
es gibt keine Kämpfer

lass dir erklären...

die Bilder trügen
die Schreie lügen
Blut ist nicht rot
tot ist nicht tot!

Schwestern des Todes sie kommen
den Worten zum Trotz
sie fesseln dich sie bringen dich fort
spreng die Fesseln – flieh den Ort!

II

der Schrei verhallt
teilnahmslos und kalt
starren die Sterne

in jede Ferne
tragen
Totenklagen

das Wort
Wahrheit verbrennen
Namen nennen

Scheiterhaufen an jedem Ort
Heiler und Huren
flüchtige Feuerfiguren

die Himmel verdämmern. Der Morgen lallend und blind
seufzt nur die Asche in den fiebrigen Wind.

III

wo nehm ich Hoffnung
die Welt verfällt mir
mit jedem beschwiegenen Wort
verbrennt ein Buch

was bleibt
totgesagte Lippen
Münder die im Dunkel flüstern

wie kann ich
die Augen des Bruders erkennen
in der Dunkelheit

Schwestern der Nacht
einmal hier und dann wieder dort
löschen Erinnerung oder schreiben sie fort
wache auf und wüte gegen die Nacht!

IV

Nebel steht über dem Wasser dicht und weiß und schwer
Wolken stürzen herab Felsen verschwinden im Dunst

ein Boot liegt am Strand ein Tisch steht leer.
Gestalten treten aus dem Nebel
Henker Helden Seher Propheten
wirft die träumende Zeit zu den Felsen empor.

Wolken wirbeln über das Wasser
während wir warten, dass es geschieht:
steht er auf? steht er auf?
steht er auf der Drachentöter?

heilige Frauen Schwestern der Träume
einmal hier dann wieder dort
schicken sie jeden zurück in den Nebel
flieh den Traum – tritt hervor aus der Zeit!

V

die Welt kehrt zurück
das Volk kehrt zurück
ihr hört die Raben und ihre Botschaft
sie kommen über die ganze Erde

die Wölfe kehren zurück
der Ur und der Luchs
das ist die Botschaft der Raben
du kehrst zurück Vater
du kehrst zurück Mutter
das ganze Volk kehrt zurück

Schwestern der Erde
einmal hier und dann wieder dort
sie öffnen Gräber sie schließen Gräber
nicht alles ist tot was begraben ist.

Stillleben mit Köpfen

ich habe einen Traum
und eine Erinnerung
und eine Hoffnung geboren
aus Erinnerung und Traum:
zwei Gestalten sitzen nebeneinander
in einem dunklen alten Keller
vor einer schmutzigen Wand
(einige unter euch mögen sich erinnern).

ihre toten Köpfe lehnen aneinander
sie gehören zusammen
sie könnten auch ein einziger Kopf sein
oder ein einziger Körper
mit zwei Köpfen.

sie hatten schon immer
die Köpfe zusammengesteckt
vereint im Tod wie im Leben
im Morden wie im Sterben
so lehnten sie dort
das Werk eines Künstlers
ein Stillleben der Revolution.

sie werden nachwachsen diese Köpfe
anders geformt oder gefärbt
vielleicht heißen sie auch nicht mehr Köpfe.
sie wachsen nach wieder und wieder
wo sie abgeschlagen werden.

vergesst es also nicht - ein jeder bedenke
das Schicksal dieser Köpfe:
zwei Gestalten setzte man vor eine Wand
und lehnte ihre toten Köpfe gegeneinander
(einige unter euch mögen sich erinnern).

Antifantilismus

gepriesen sei das Feuer in der Nacht
wenn Autos und Nazihäuser brennen
wenn der Antifant sich ins Fäustchen lacht
die Rechten um ihr Leben rennen.

gepriesen sei das Wort das im Hals erstickt
so dass niemand die Hetze zu hören kriegt.
es gibt kein Pardon mehr - sie müssen schweigen
es ist an der Zeit Flagge zu zeigen.

drum sei gepriesen der Antifant
der den Rechten stellt
das Urteil fällt
fürs Menschenrecht in diesem Land.

Also sprach

leer stehn die Altäre
des fremden Gottes
die Prediger sind tot
verrottet die Leichen
ihre Knochen bleichen
in der Sommersonne.

über Gebirgen erwacht
auf Gipfeln und in Tälern
der Gesang der Vögel
und die heiligen Bäume
recken sich in den Himmel.
Eichenhaine und endlose Wälder erwachen
Tannen in sonnenfernen Schluchten
die Wasserwesen der eisbedeckten See
und die Meeresvögel über den Kronen der Wellen:
alles ist voller Erwachen.

Die heiße Scheiße der Republik

wir sind stark
regieren den Park
die Straßen der Stadt
machen alles platt

wir sind die Schlauen
rauben und klauen
Arbeit und Schule
sind was für Schwule

Rebellion heißt das Spiel
das einzige Ziel
ist cool zu bleiben
die Angst zu vertreiben

wir leben schnell
und sterben grell.

Lagertage

sie saßen vor den Baracken
in der Sonne sonntags im Sommer
und manchmal auch im Winter.
sie tranken Tee
musizierten miteinander
oder besuchten die Huren
den Frisör oder andere gute Bekannte.
sie lachten und waren glücklich
im Sommer in der Sonne wie wir
wenn wir die Huren besuchen
und das kommende Ende vergessen.

in diesen glücklichen Stunden
gab es dieses Ende nicht gab es noch nicht
die Untat von der wir doch heute genau wissen
dass sie kam dass sie kommen musste.
In diesen glücklichen Stunden
dachten sie nicht daran
vor Erschöpfung oder Hunger zu sterben
oder in den Gaskammern sauber
und präzise nach Plan entsorgt zu werden.

Totenfeier

Sokrates für seine Worte
zum Tode verurteilt
entging dem Leben
in den Tod.

Sokrates der Fettbäuchige
der Liebhaber von Knaben
und kleinen Hintern
fand Heilung
von seinem Leben.

Außer Fragen
hinterließ er nichts
kein Testament keine Lehre
keine Gläubigen keine Gräber.

Lobpreis der Gegenwart

tote Dichter zu ehren
oder zu verdammen ist leicht
sie gehören sich nicht mehr
Momentaufnahmen ihrer selbst
im Wandel der Wahrnehmung
wehrlos.
Sie schrieben jede einzelne Zeile
jede Strophe ihrer Lieder
ohne zu wissen
ob wir jemals sein würden
übergaben sie ihre Gedanken
einer unbekannten Welt.

die lebenden Dichter und Weisen
die vom Geld der Machtlosen
den Mächtigen nach dem Maul schreiben
die wandelbar sind
wie die sich wandelnde Zeit
die Meister leerer Worte
und Verdrehungen:
sie schreiben Auge in Auge mit ihren Lügen
wissend und wollend was sie tun.

die Häupter jener Schreiber aber
die sich jeder Wahrheit beugen
die stark genug ist und Gewalt hat
deren Schamlosigkeit und Feigheit
keine Grenze kennt
sie verdienen unser Schweigen.
Loben aber müssen wir die Toten:
sie wenigstens schweigen nicht aus Feigheit.

gepriesen sei auch die Gewissheit
der Verwalter der Mächtigen
deren kundige Hand
Wahrheit und Wirklichkeit
nach dem Bild der Mächtigen
immer neu erschafft.

gepriesen das reine Gewissen
der Dummschwätzer und Wortführer
die im Namen der Menschheit
das Mittelmaß lieben wie sich selbst
im Namen einer Menschheit
die im Zweifel nur aus ihnen selbst besteht
oder ihresgleichen
fanatische Gläubige
an die Gleichheit aller anderen:

sie erfinden
tagein tagaus
neue Wörter
für ihr Tun.

lasst uns auch die Mächtigen selbst nicht vergessen
sie zu preisen ihnen zu folgen
ihnen nicht zu widersprechen
sei aller Ohnmächtigen heilige Pflicht.
Gepriesen seien daher
die Hirne und Seelen der Regierenden
die alternativlos dahinvegetieren
in ihren geistigen Kloaken und Scheißhäusern
und uns statt Nachkommen
neues Geschwätz gebären.

höchsten Preis und höchste Achtung aber
denen die keine Angst haben
die den Lügenmeistern entgegentreten
die nicht schweigen
auch wenn sie wissen
was nicht schwer zu wissen ist
da es schon oft genug geschah
dass die Lüge am Ende siegt
und sie zum Schweigen gebracht werden.

Wir sind die Avantgarde

während wir
allmählich an dem verrotteten
verdorbenen Frieden ersticken
den man uns in den Hals stopft
wie künftigen Weihnachtsgänsen

während wir
ficken fressen fernsehen
krank sind zum Tode
retten wir
die Erde vor uns:

von uns selbst
zu Tränen gerührt
retten wir
hässliche fette Weltbürger
was unserer Rettung nicht braucht.

Zwischenzeiten

I

viele Häuser unverändert
die Wege waren breiter
als ich dort wohnte
die Straßenbahn fort
ich wohnte dort wo die Zeit stillsteht
man geht hier nicht mehr fort
jetzt nicht mehr
ein Gesicht das ich kannte
in einem Fenster
wir tranken und tanzten dort
von wo ich entkommen bin
von wo man jetzt nicht mehr fortgehen kann
Ausstellung Leben
Vorrat für einen Menschenpark
der seine Hände ausstreckt
nach Ersatzteilen begierig
festzuhalten was immer er findet.

ich weiß
ich habe schon getötet
bevor ich geboren wurde.
die Krähen sind zurückgekehrt

sitzen auf den Dächern
schweigen seit Stunden
kein Zweifel mehr
die Stille wird bleiben.

wir gingen jeden Morgen
zusammen zur Schule
Maria und ich
nahmen uns gegenseitig
an der Hand
gingen zusammen diese fünf Minuten
ohne zu reden über was
hätten wir reden sollen?
wir hatten noch keine Sprache
für die Bilder um uns
und keine Worte
für die Sprache unserer Hände.

II

der Philosoph wie er so saß
mit seinem Hintern
auf dem nackten Gehweg
war er leicht zu erkennen
und wollte auch leicht zu erkennen sein
trug seine langen Haare
den langen Bart
die demonstrative Verneinung
einfachster Hygiene
wie eine Krone
und hütete in einem Hut mit Kleingeld
den Erlös seiner Weisheit.

er saß vor unserem Fenster
vor dem schmutzigen Café
in dem wir warteten
auf die Revolution vielleicht
oder die nächste Revolte
die ja kommen muss
die ja immer kommen muss
wozu sonst die vielen Revolutionäre
die Prediger die Vorbeter
und andere geistig Enteignete
und ihre Propheten.

Nichts tun und warten ist alternativlos
in der besten aller möglichen Welten
wo es nicht mehr viel zu tun gibt
für Philosophen oder Denker
zumal:

die Revolution hat einen neuen Namen
und richtet sich jetzt gegen das Volk
die Revolutionäre werden vom Staat bezahlt
die alten Tyrannen sind zurück
älter tatsächlich ein wenig geläutert
ficken sie die Kinder nicht mehr
sondern erziehen sie jetzt
in ihrem Sinne.

warum im Namen deiner Götter Sokrates
hast du den Gifttrank zu dir genommen?
warum hast du nicht deinen Freispruch betrieben
deine Laster und Dämonen geleugnet
oder dir selbst als zeitgemäß
und fortschrittlich eingeredet?

III

Haufen von Kohle

vor den Kellerfenstern

im Winter

im Flur

Fässer mit gelben Bohnen

Frost malte Blumen auf die Fenster

Muster und Figuren

ein Künstler

sogar im Dunkel voller Kraft

der den Fluss zufror und den Kanal

beide nicht weit vom Haus

Schneeflocken groß und schwer

lückenlose Weiße manchmal für Tage:

immer wenn ich Schneeflocken sehe

erinnere ich mich an dich Marie-Luise

du tanzt in einem roten Kleid

trinkst weißen Wein

sprichst über die Physik von Schneeflocken

und die Verbindung von

Deutscher Romantik und Mathematik.

siehst du das Band von Lichtern da oben?

das sind die Sterne der Milchstraße

sie sind Sonnen wie die Sonne unserer Erde

sagte meine Mutter wenn wir abends im Winter
den langen Weg vom Bahnhof nach Hause gingen.
man konnte die Milchstraße gut erkennen
seitdem ist die Stadt viel heller geworden
und die Milchstraße viel dunkler.

der halbe Mond hängt am Himmel
vor meinen Augen groß und hell
groß und hell für jeden
doch kaum beachtet oder wahrgenommen
als eine fremde andere nahe Welt
direkt über unseren Köpfen
erinnert sie uns an das Große und Uralte
an dessen Anfang
nichts weiter war als ein Wort
jedenfalls etwas einfaches
die Welt ist ein Circus aus Worten
eine Wortmaschine
aus der die Welt endlos hervorquillt
Sätze gebärend Metaphern
über Metaphern.

die junge Afrikanerin im Zug
mir gegenüber steht auf
sieht mich an und lächelt
ich sehe sie an und schweige

jedes Wort kann zum Verhängnis werden
in einer Welt deren Wirklichkeit
aus Worten besteht:
Sokrates wurde für seine Worte
zum Tode verurteilt.

der Stern Fomalhaut im Südlichen Fisch
besitzt mehrere Planeten und vielleicht
gibt es auch dort einen hellen Mond
der groß und silbern eine Welt bescheint
die unserer ähnlich ist sagte Maddie
es war früher Abend noch hell
wir warteten auf den Bus
und gerade ging der Mond auf

später gingen wir spazieren
durch die offene Landschaft im Regen
der Regen süß und sanft und warm
nie ist das Gras grüner als in diesem Regen
wir suchten keinen Schutz vor dem Regen
weißt du noch wie der Regen sich anhörte
er sprach mit uns durch seine Tropfen
die so verschieden waren
in ihren Rhythmen Lautstärken Klängen
und auf unserer Haut ein Ende fanden
wir nahmen ihn wahr als Teil von uns

wie der Park uns wahrnahm
anders als der Regen in der Stadt
der sich nicht für die Leute interessiert
der einfach da ist
der kommt und geht
als sei er der einzige Bewohner der Stadt.

am Seeufer dann im sanften Regen
neben den jungen Soldaten
im Feuerschein des Abends
die Sonne so alt so schwach
über dem blutroten Wasser
tropfte der Regen langsam
bedächtig ließ sich Zeit
lauschte hörte zu
den Stimmen den ernsten
aus fröhlich erstarrten Gesichtern
kamen Worte trommelten Worte
unablässig gegen die Stille.

manchmal kamen sie zur mir
verabschiedeten sich
manchmal gingen sie wortlos
oder sagten nur
wir gehen morgen
und die Augen sagten

vielleicht sterben wir morgen

und sie lachten dabei

manche lachten so laut

als könnten sie anlachen gegen den Tod

sie folgten einander in den Krieg

wie ein Tropfen dem anderen

ins Meer.

IV

Alles geht so schnell

sagte mein Vater an seinem Geburtstag

fünfzig bin ich ein halbes Jahrhundert

er hatte zwei Söhne eine Tochter und eine Frau

ich habe nur eine Handvoll Gedichte

und andere Texte und Wörter

bei denen ich mich aufgehalten habe

die Menschheit aber die Gesamtheit

übersteigt auf vielerlei Weisen

diesen einfachen Mann

hat Ideen und Träume

die zu Schädeln und Knochen wurden

die zu Millionen erschlagen liegen

und verrotten unter jedem Acker

jeder Straße jedem Garten

wo auch immer wir lachen oder lieben

oder versuchen uns zu erlösen

von der allgegenwärtigen Gerechtigkeit

uns zu bewaffnen

gegen die Richter und Henker

im Namen der Menschlichkeit

und haben nichts als Worte

die uns gelassen wurden

gegen ihre mannigfaltigen Masken:

alle Götter sind Masken
Heiligkeit und Erhabenheit
Menschlichkeit und Güte
verstecken die Fratzen der Macht
hinter den Masken wartet der Tod
und reinigt die Gesinnung
und befreit die Welt
Wort für Wort
von jedem Rest von Freiheit.

wir verstummen
schuldig oder nicht
dieser Tod oder ein anderer
seit dem Augenblick der Geburt
riechen wir nach Tod
in Bars und Bordellen
lernen wir vergessen
werden Säufer oder üben uns
in einem anderen Zeitvertreib
verstecken uns mit einer Flasche Schnaps
hinter ein paar Worten
brabbeln fromme Sprüche
grunzen ein Lied oder einen Vers
so berechtigt und gut wie alles andere.

Wortmaschine

I

vordringen
mit jedem Wort
Zeilen ins Nichts
das nächste Wort
Wegmarke im Nebel
die nächste Zeile
Fremdland
jedes Wort ein Pilger
auf dem Weg
wohin.

II

an einem Wintertag nach Prag kommend
auf alten holprigen Fahrbahnen
vorbei an Trabantenstädten
grauer als der Himmel
grauer als die Nachkriegszeit
von Westen in die alte Stadt
mit dem mythischen Klang
über die Karlsbrücke
bei bitterem Frost
Josefstadt Altneuschul
am Anfang war das Wort
und das Wort war Wahrheit
schuf Leben
aus Buchstaben und Lehm:
Golem
selbst ergraut
zurückgekehrt in den Lehm
wartet er
auf das Wort.

III

Rhythmus
verliert dich
Wort um Wort

Furcht ist Augenblick
Blick der Augen
furchtsame Augen
Mauern wachsen
mit nackten Seelen bemannt
turmhoch ins Leere.

sprichst du versprichst du
dich wieder
oder anderes
zu sein
ausgeraubt wie ausgesprochen
verbleibt nichts von dir
bleibt mir
Verlangen.

unser Herr predigt
dümmlich gackernd
Wortlosigkeit
klirrend verirren

sich Ohren gefroren

der Boden klingt

Wort um Wort

entwirren sich

fast schon Gestalten

tausendfach

dem Schweigen.

IV

Worte stehen still

in verbrannter Erde

stehen stille Worte

bewegungslos unnütz

sich selbst enteignet

entfremdet mir

durch Worte verstummt

der Duft der roten Rosen

das Grün des Waldes

die Worte stehen still

haben acht

beiseite geräumtes

Werkzeug an sich selbst

bedrängen einander

morden einander

grenzen einander aus

nehmen sich den Raum

Wegweiser

in verbrannte Erde.

gerammt.

V

Explosion ist eine Aussage

Selbstexplosion ist Präzisierung

Selbstbestimmung der ungefragten Existenz

Materie in einem traumatischen Zustand

belebt oder nicht

Explosion ist Urgrund

neue Schöpfung

bring dich zur Explosion

bring alles zur Explosion

heilige dich und andere

kehre zurück in den kosmischem Urgrund

lebendig oder nicht

du bist Materie

alles ist Materie

alle Materie ist verwandt

alle Materie ist explosiv

lebendig oder nicht

alle Materie entstammt

der ersten Explosion

Urmutter des Kosmos

einzige Gottheit

es gibt keinen Unterschied

zwischen dir und mir

Selbstbestimmung macht gleich

Leben fesselt zwingt dich in Form

löse dich auf in kosmischer Freiheit

sei Urgrund einer besseren Welt

Leben diskriminiert

Nichtleben ist Wahrheit

Explosion ist Leben

verteilt im Kosmos

gleichmäßig und gerecht.

VI

Ein Fluss ist ein Gewässer das fließt
ist Wasser ist H_2O
ist Wasserstoff und Sauerstoff
trägt einen Namen
der ihm allein gehört
wir wollen ihn nicht verwechseln
mit anderen Wassern
wir aber sind es die den Fluss benennen
ohne uns ist er namenlos
mit uns hat er Persönlichkeit
ist Teil der Welt die uns gehört
der Welt aus Worten der Welt der Worte
der Fluss wurde ein Wort
wurde mehr als Wasserstoff und Sauerstoff
in flüssigem Zustand
flüssig dank der warmen Umgebung
fließend dank der Schwerkraft.
So bezieht der Fluss seine Freiheit
dieses oder jenes zu tun
über die Ufer zu treten
auf diesem oder jenem Wege
allein oder zusammenfließend mit anderen
sich einen Weg zum Meer zu suchen
aus fremder Hand.

Der Fluss ist mir also ähnlich

dachte der Wanderer

ein Verwandter der fremden Eingebungen folgt

während er das Meer sucht

während ich entlang des Flusses wandere

und seine Quelle suche.

Ich darf mich nicht verzetteln dachte er bei sich:

der Fluss ist kein Wanderer wie ich.

So kann ich flussaufwärts wandern oder auch flussabwärts:

der Fluss aber wandert zum Meer

dort hört er auf zu sein

obwohl nichts von ihm verloren geht.

Das Fließen macht ihn zum Fluss

zu mehr als Wasser Verbindung zweier Elemente

daher seine Bezeichnung.

Es ist nichts anderes mit mir dachte der Wanderer

da es doch das Wandern entlang des Flusses ist

auf der Suche nach seinem Ursprung

weswegen man mich den Wanderer nennt.

Wäre erst der Fluss nicht mehr da

so wäre mein Wandern ohne Sinn

und ich hörte auf der Wanderer zu sein

der ich bin.

Augenblick des Gedenkens

Die Toten werden fortgetragen
oder zusammengefegt
eingesammelt für die Angehörigen
rund um den kahlen Grund
Kameras und Mikrofone
Belagerung

die üblichen Verdächtigen
sind längst verschwunden
man kennt sie seit langem
wo waren die Wärter
komm wir gehen ein wenig spazieren
im Schatten der Bluttat ein wenig flanieren.

ich möchte Sie fragen
sagt der Moderator
(und dann fragt er, was er immer fragt, seit er die Zuständigkeit
für Katastrophen, Massaker und andere Tragödien übernom-
men hat)
wie konnte das geschehen?
warum wurde das nicht verhindert
wer hat hier versagt?
wo waren die Sicherheitskräfte?
hmm, sagt der Experte

(auch er ein Dauergast seit Jahren, der sich mit dem Tod aus-
kennt wie kein anderer)
und erklärt und die Zeit vergeht
und dann eine Sondersendung
und niemand bekennt sich
jedenfalls nicht schriftlich
etwas ist falsch gelaufen, so viel ist klar
dabei hat doch niemand einen Fehler gemacht.

vor Katastrophen gibt es keinen Schutz
sagt der Moderator und der Experte nickt
auch der Moderator nickt nachdrücklich
beide leben schließlich vom Nicken
so ist halt das Leben und morgen
wird aufgeräumt und sauber gemacht.
komm sing ein Lied mit mir
nur ein kleines Lied
einen kleinen Reim
und lass uns wieder fröhlich sein.

Herr B. bekennt sich geirrt zu haben

Gerechtigkeit
umzingelt uns
Menschlichkeit
belagert uns
bedeutungslos
starren die Gräber

kein Schiff mit acht Segeln
keine Kanone
kein Kaiser
kehrt zurück
kein Krieg oder Frieden
kommt uns zu Hilfe

das Kleine bleibt klein
an Moldau und Rhein.

In die bleiche Nacht

stirb leise Sehnsucht
welke Gebete
Blumenzeilen
vergeben dir
den Traum

blondes Haar
bedeckt
nacktes Gebein
streut Worte
in das Blumengrab

bleib ruhig
dürftiges Leben
liebkose das Blut
den kalten Asphalt
im Regen

in Cafés und Bars
meine traurige Liebe
suche ich dich
die so still ist jetzt
so still.

Letztes Abendmahl

der Garten der Tisch
Flieder treibt aus
wiegt die Gedanken
schwer in seinem Duft

Dämmerung tilgt
die Farben und Formen
zu Schatten
von Liebe und Hass

grußlos geht der Tag in die Nacht
die Abendsonne erlischt in Regenwolken
zahllose vorüberziehende Heilige

bitten um Brot und Wein
und die ersten Tropfen des Regens
streicheln unsere alternden Hände.

Angstzeit

Angst wartet
zwischen Träumen
in Träumen
Wirklichkeit
schließt dich ein
die Fenster blind.

Erwachen
in einen Traum aus einem Traum
die Hände vor den Augen
in der Kehle den Schrei.

Ein Klopfen an der Tür
eine Stimme so weit so leise.

Museale Ausbreitung

in der Mitte des Parks
ein einzelner Baum
ein Tisch mit Stühlen
eine graue Wand
Metallskulpturen ausgestreut
auf unfruchtbarem Boden
Totgeburten und Grabsteine
verworfen vergessen im Gras

schüchtern ängstlich
hebt sich der Bau aus der Erde
früher kauerte er dort
zwischen Sträuchern und Bäumen
auf Beute wartend
sprungbereit im Gras.

Tanz um den Dom

Straßencafés profane Orte die alte Colonia
der Dom heilige Baustelle und Baustelle des Heiligen
anpassungsfähig wie seine Besitzer.
der Fluss ist immer nah wie der Dom
dem Fluss nah ist heiliger Ort
und wanderndes Gebet
Pilgerwanderung vom Dom zur Promenade
Cafés unter blauem Himmel.
spukhaft flackern Rufe auf aus der Menge
der vom Heiligen erschöpften Pilger
weltliche Bitten voller Dringlichkeit
um Espresso oder Macchiato
auch Kölsch oder Cola
Erlösung suchend und Erfrischung
Zeugnisse einer tiefen Sehnsucht
über das Heilige hinaus.
mit den Getränken erscheinen dann schließlich
die wahren Göttinnen dieses Ortes
die gewaltigen Brüste einer Kellnerin
tanzen heran synchron und perfekt
trösten sie die Seelen der Gläubigen
über ihren leeren Glauben hinweg.
im Takt mit den Brüsten

tanzen die Augen der Pilger

schaut her und tanzt mit uns

klingt es in ihren Ohren:

wir sind der wahre Dom.

tanzt mit uns.

Orpheus singt nicht mehr

verurteilt

Lieder zu singen

die niemand hören will

was früher

die Steine erweichte

wurde zur Strafe

der Silbermond ist untergegangen

die Plejaden sind fort unbemerkt

und im fahlen Licht der Sterne

in der Mitte der Nacht

überdrüssig seiner Lieder

spült das Meer

den Kopf an Land

ein provisorisches Grab

auf einem leeren Strand.

Spurlos

Teil keines Traums
und keiner Utopie
niemandes Hoffnung
oder Verderben
fremd und still
wortlos
spurlos
ungeschehen

Für alle die es angeht

ich warte
erinnere mich
an ein Gesicht
an Augen eine Stimme,
an Berührungen
Hände Lippen
ein erstes Lächeln
das mich traf
als brenne
nach einem langen Winter
die Sonne in mein Gesicht.

Augen

ich suche Worte
und finde Augen
grün und dunkel und tief
unter ihrem Lächeln
schweige ich
verleugne mich
den schmalen Händen
den Smaragdaugen
die erbarmungslos
meine Sehnsucht sezieren
gewissenlos
nach meinem Leben greifen.

Urdunkel

Morgen auf Morgen
weht
gegen den
Strand

eisig kriecht das Nordmeer
See aus Nacht
und Regentag
der Strand zerfällt

zögerlich
warten die Wellen
ein Vogel quert die Nacht

Schatten der Mutter
urdunkel mythische
Gezeiten.

Der Ort an dem du dich verbirgst

Statuen Skulpturen Bilder
Worte Lieder Geschichten
bewahren einander
hüten den Himmel
und alles für das er steht:
das Licht der Ägäis
die einzelne Träne des Abschieds
und die schneebedeckten Hügel
des Winters die ich einst sah.

Ich erinnere mich an dich

du wusstest
wie hättest du es auch nicht wissen können
was ich sagen würde
als du mich fragtest
als du mich wieder fragtest
nach der Farbe der Straßenlaternen
die über der Straße hingen damals
und über dem Garten in dem wir tranken
sie änderten ihre Farbe sagte ich
wenn es dämmerte
wurden die Farben wärmer
von hellem weiß zu gelb
so wie das gelbe Licht der Ampel
an der nächsten Kreuzung
und schließlich dann orange
wenn die Nacht anbrach
und wir schließlich betrunken waren.

Eine-Welt-Laden

Ein Deutschland

ein Europa

eine Welt, *e i n e* Welt!

ein Glaube! ein Gott!

ein Papst! ein Messias!

ein Kalifat! ein Paradies!

(oder was auch immer)

ein Volk, ein Reich, ein Führer!

(von was auch immer)

ein Kosmos!

eine Natur!

ein Satz Naturgesetze (universal)!

ein Satz Menschenrechte (universal)!

eine Gerechtigkeit!

eine Moral!

Kriegst du immer noch keine Angst?

*Warnhinweis für empfindliche Leser: Dieser Text enthält (oder könnte in der Zukunft enthalten) Wörter und Begriffe, die politisch / religiös belastet sind oder kontrovers aufgenommen werden und Unwohlsein hervorrufen, das in Einzelfällen zum Beschmieren von Hauswänden, Verbrennen von Fahnen bis hin zum Anzünden von Botschaften oder Konsulaten führen kann.

Verbrannte Erde

Wälder Gras Felder

Hügelland Blumenwiesen blühend

sanft und sacht und unbekümmert

überwachsen die Tat

Häuserreste

Straßenreste

bergen die Toten

Frieden Krieg

was bleibt sind Trümmer

und ein ratloser Himmel

ein Falke kreist schreiend

über das verlassene Land.

Es kommt eine Nachkriegszeit

ich bekenne im Voraus (und vorsichtshalber)
gewusst zu haben dass meine Seele ihren
Frieden machte auf den Gebeinen Ermordeter
ihr Auskommen fand auf einem Schädelhügel

gewusst zu haben von Vergewaltigung Raub Mord
von Kindern von Müttern verkauft
Vätern die für einen miesen Job
Augen und Ohren verschlossen

auf den Straßen trällert
das Lied vom ewigen Frieden
Tausende Jesusse marschieren
und meine wohlerzogenen Kinder
richten sich klaglos ein auf ihrem Friedhof
wie das Gesetz es befiehlt.

Visionen

I

wir haben eine Vision

wir haben einen Traum

sagt ihr

wir brauchen euch alle

wenn er wahr werden soll

ich habe eine Vision

und einen Traum

sage ich

er kann nicht wahr werden

ohne mich

wessen Traum glaubt ihr

sollte ich folgen?

II

sie träumen noch immer
oder schon wieder
von einer neuen Gesellschaft
von Gerechtigkeit auf Erden
dem Ende von Armut und Krieg

ich aber ungefragt
schon wieder
Soldat in einem fremden Traum
unwillkommener Träumer
eigener Träume

wehre mich gegen Visionen und Utopien
die ungebeten meinen Kopf besetzen.

Kaufhaus Killer

die Hände in den Manteltaschen
gehe ich hinein
irgendein Typ halt
der im Weg ist
so wie ein Regal oder ein Tisch
auf dem Weg
zum Kauf oder zur Kasse
um nichts anders
als alle anderen
die sich ohne Eigenleben
praktisch ungesehen
zwischen den Waren bewegen.

niemand sieht mich
oder wird sich erinnern
niemand bemerkt Veränderung
man glaubt nicht an Veränderung
in dieser beschützten Welt
in den Gesichtern
suche ich nach Augen
die stumpfen Augen
blicken nicht an
nicht mich nicht andere.

ich sehe leere Augen
ohne Angst oder Unsicherheit
nichts das vielleicht
unter der Oberfläche wartend
die Gefahr anzeigte die Gewalt
unter der Decke
der eingeübten Zivilisation.

ich nehme meine Hand aus der Tasche
und die Waffe die sie hält.

Die bekannten Kriege

niemand weiß warum es geschah
die Leute gingen fort
die Laternen brannten nicht mehr
die Straßendecke blieb aufgerissen

die Sparkasse ist jetzt geschlossen
Fenster und Türen verrammelt
unter dem Vordach spielt eine Katze
mit einem halbtoten Vogel ohne Flügel.

alle anderen bekannten Kriege
gehen ebenfalls weiter
während die Katze den Vogel
im Rinnstein ertränkt.

dann fällt Regen
und ein plötzlicher kalter Wind
erinnert mich
an das was noch kommt.

Magellanische Zeiten

blickt nicht am Abend der Seemann
hinaus auf sein Meer zufrieden
mit seiner Reise und sagt
welche Weite umgibt mich hier
und welche Tiefe hat mein Himmel!
Welche Unendlichkeiten, wie viele
Sterne und Horizonte
hat meine Freiheit!

sag mir aber Meer das mich trägt
warum fliehen mich
da ich näher komme die Sterne
und warum flieht mich der Himmel?
was wären sie denn ohne mich
die fliehenden treulosen Horizonte
wenn ich sie nicht sähe und ihnen
ihren Platz zuwiese im Kosmos?

ich muss meinen Wegen folgen
mich mühen in immer neuen Kleidern
nach eurem Willen die Welt zu sehn.
die See aber die See nehmt ihr mir nicht
und nicht den Himmel der mir Freiheit gibt

und mir tausend Wege heimwärts zeigt.
auf wie viele Weisen trägt
mein Meer mich heimwärts?

wer aber wäre ich ohne Himmel
ohne See und ohne mein Schiff
ohne Sterne und ohne Horizonte
nur mir und euch überlassen?
ohne die Hoffnung irgendwann
jenseits aller Bilder und Worte
eine ferne Welt zu betreten
selbst wenn dies den Tod bedeutet?

Praktische Poesie

Religiöse Statements nicht erwünscht

Bitte sprengen Sie sich nicht in die Luft, während Sie sich in diesem Gebäude befinden.

Da unsere Mitarbeiter* (m,w,n,t,u)* dezidiert nicht-religiös sind, ist jede Art von religiösem Statement sinnlos und wird unverstanden bleiben

Politische Statements nicht erwünscht

Bitte sprengen Sie sich nicht in die Luft, während Sie sich in diesem Gebäude befinden.

Da unsere Mitarbeiter* (m,w,n,t,u)** dezidiert nicht-politisch sind, ist jede Art von politischem Statement sinnlos und wird unverstanden bleiben

Gender-Statements Statements nicht erwünscht

Bitte sprengen Sie sich nicht in die Luft, während Sie sich in diesem Gebäude befinden.

Der Sprengakt könnte Auswirkungen auf Ihr Geschlecht haben.

Da unsere Mitarbeiter* dezidiert geschlechtslos sind, ist jede Art von Gender-Statement sinnlos und wird unverstanden bleiben

[*Vermutlich aus Kostengründen wird nur die männliche Plural-form verwendet. Wir bitten vorsorglich alle um Entschuldigung, die sich durch unsere getreue Wiedergabe in ihrer Geschlechts-sphäre verletzt fühlen könnten.

**m=männlich; w=weiblich; n=neutral; t=transgender; u=unbestimmt/wechselhaft

Die Sternchen und die dazu gehörigen Erläuterungen wurden durch den Autorin hinzugefügt. Sie waren auch ihm/ihr zunächst nicht geläufig, so dass er/sie sie erst auf Nachfragen bei Behörden und durch Recherche im Internet in Erfahrung bringen musste.

Der Autorin selbst ist sich sicher, die meiste Zeit überwiegend einem der Geschlechter m oder w anzugehören.]

Epilog

I

alle Blumen des Bösen
die großen Gesänge der Erde
wiederklingen hohl aus dem Dunkel
Derwische des Untergangs

irrlichtern über den Gräbern
Fragen stehen erstarrt zu Stein
wie Mauern um tote Seelen
am Rande der Wirklichkeit

sitzen Riesen und spielen Karten
die wenigen verbliebenen
Worte verlassen die Walstatt

während Geier den Berg umkreisen
und das Staunen der Welt
verklingt.

II Erwachen

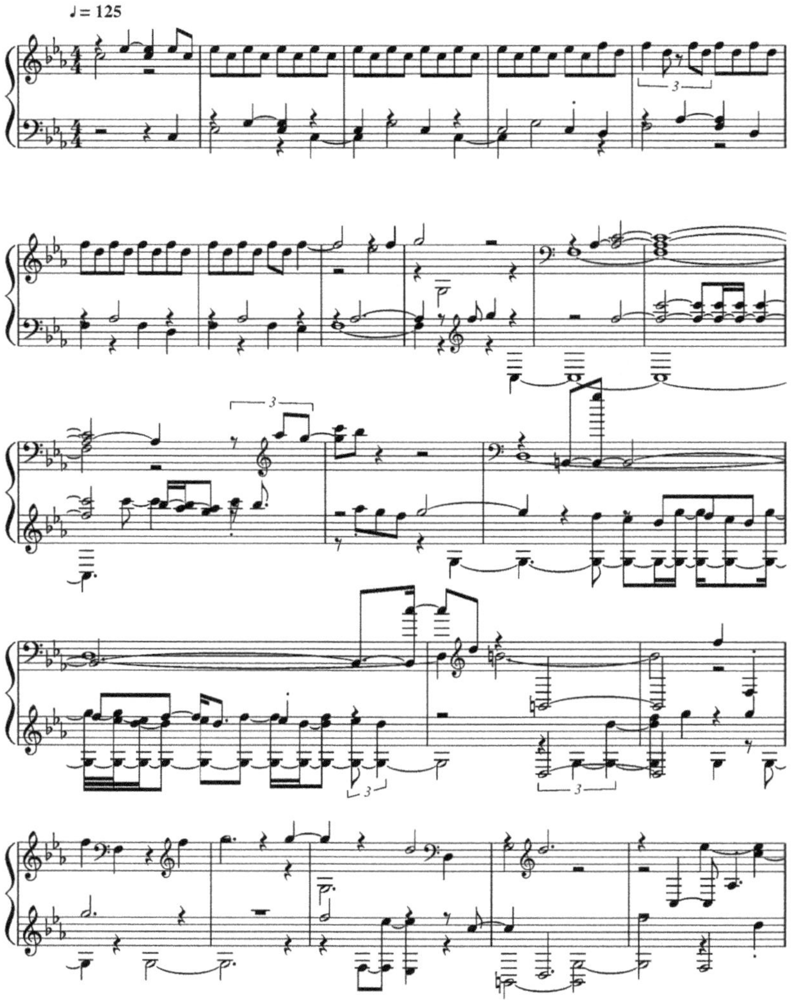

Erwachen (*Forts.*)

Fine

Anm.: Die Klavierpartitur wurde mit MuseScore 2 geschrieben auf der Basis einer MIDI-Datei mitgeschnitten auf einem Yamaha E-Piano. Die Notation wurde nicht nachbearbeitet.

EXTRO

Die poetische Sicht der Welt sei eine andere als jene, die uns unter dem Namen Realität immer neu verkauft werden soll, schreibt Durs Grünbein. Sie erziehe [...] zu permanentem Widerstand (vgl. FAZ, 25.02.2012)

In einer poetischen Sicht der Welt erscheinen neue Zusammenhänge, kommunizieren verschiedene Realitäten miteinander, verschiedene Zeiten, Epochen, entstehen Verbindungen zwischen Naturwissenschaft, Kunst und Philosophie, werden Wurzeln der menschlichen Welt / Menschenwelt sichtbar, die wir in Tausenden von Jahren über die physikalische Welt gelegt haben.

Unsere Welt ist eine Welt der Menschen. Eine andere Welt können wir nicht erfahren. Wir wissen nicht, wie es sich anfühlt, z.B. eine Fledermaus (vgl. Thomas Nagel, *What is it like to be a bat*, 1974) zu sein. Das Einzige, was wir darüber mit Sicherheit sagen können: Es fühlt sich natürlich an – für eine Fledermaus. Wir wissen auch nicht, wie es sich anfühlt, einer unserer Vorgängerarten anzugehören, ein Neandertaler oder H. habilis zu sein.

Obgleich wir dies nicht wissen, haben wir uns angewöhnt, auf die Vergangenheit herabzusehen und sie im Vergleich zu unserer Gegenwart zu entwerten: Denn wir *sind* nur in einer prozesshaften Gegenwart. Was zeitlich vor uns war, kann *uns* niemals erreichen. Vermutlich ist dies auch der Grund für den Glauben an einen unabänderlichen Fortschritt der Menschheit, ja der Menschlichkeit (Begriffe, die im Englischen längst synonym gebraucht werden) im Laufe der Zeit, der zum Kernbestand vieler Weltbilder und Ideologien geworden ist.

Viele Menschen halten ihre Spezies für die Krone der Schöpfung oder auch für die höchste Sprosse auf der Leiter der Evolution und in neuerer Zeit für den Sachwalter der Evolution auf Erden und, anders als diese, letztlich für eine Instanz, der es aufgrund ihres Einsichtsvermögens moralisch geboten sei, die Interessen von Tieren und Pflanzen, des Lebens an sich und überhaupt des ganzen Planeten zu vertreten.

Wer diese Menschheit ist, bleibt dabei im Unklaren der bodenlosen Vergangenheit. Die Spezies Homo sapiens selbst ist mindestens 300.000 Jahre alt und hat in dieser Zeit viele Veränderungen ihrer Lebensweise, Einsichten und moralischen Gebote erfahren. Und auch sie kommt nicht aus dem Nichts. Ihre vergangene Wirklichkeit ist für uns nicht erfahrbar.

Wir sind - wie alle vor uns und nach uns - in unserer eigenen Wirklichkeit gefangen. Spuren älterer Wirklichkeiten finden sich in unseren Genen und unseren Gehirnen und damit in unseren Sprachen, Metaphern, Bildern, Musiken usw.

Wie unsere Vorgänger geben wir unserer Wirklichkeit untereinander durch Kommunikation auf vielen verschiedenen Ebenen, vorrangig durch Sprache, wissbare Gestalt.

Dies gibt uns die Möglichkeit auf allen diesen Ebenen kulturelle Archäologie zu betreiben bis hin zur Archäologie der eigenen Kreativität und zu versuchen, die Struktur der menschlichen Realität und nicht zuletzt die Struktur der biologischen Realität dahinter zu entziffern.

Damit wird Dichtung zum Werkzeug, zur Suche nach Silben, die man auf die Barrieren des Unbekannten und des Nicht-Wissbaren abschießen kann (vgl. Carl Sandburg: *Tentative (First Model) Definitions of Poetry in:* Complete Poems, 1950).

Die Menschenwelt also entsteht immer wieder neu aus Interaktion mit ihr, miteinander, aus Kommunikation und Wahrnehmung im weitesten Sinne. *Welt* gelangt durch Wahrnehmung in unseren Kopf und wechselwirkt mit dem dort bereits Vorhandenen und verändert es. Der Inhalt des Kopfes schließlich interagiert, kommuniziert mit der Welt und verändert diese nach Möglichkeit in seinem Sinne. Eine Endlosschleife der Anpassung.

Am Ursprung dessen, was wir unsere Welt nennen, liegt Unfassbares, Ungreifbares, Gefühltes, Schemenhaftes, liegen elementare bildhafte Versuche einer Erklärung der Welt. Kein Lebewesen kann überleben ohne eine solche, und sei sie auch noch so ursprünglich, primitiv und beschränkt auf einen Lebensraum geringer Komplexität.

Mit dieser primitiven Weltsicht wird der Mythos geboren, die mythologische Erklärung der Welt: Bilder, Gesten, Laute, Töne. Sie entstammen dem Urgrund unserer Wahrnehmung, unserer Gefühle und Empfindungen und verleihen ihnen Ausdruck gegen die anderen und gegenüber der Welt.

Im Vorspiel zu *Joseph und seine Brüder* schreibt Thomas Mann, der Brunnen der Vergangenheit sei tief und fügt hinzu, je tiefer wir grüben und suchten, desto deutlicher erwiesen sich die frühesten Grundlagen der Menschheit, ihre Geschichte und Kultur als unergründlich.
Dichtung erkundet diesen Brunnen, ist Archäologie und Projektion zugleich, beschreibt, erschafft Welten, die für den Rezipienten notwendigerweise fremde Welten sind, da er sie aus zweiter Erfahrung erhält.

Ein Autor, ein Maler, ein Kompositeur wird nie zweimal sein Werk auf die gleiche Art, mit den gleichen Empfindungen lesen, hören oder sehen können: Wenn auch die geschriebenen Worte, Bilder, Töne noch immer dieselben sind, der Verfasser ist es nicht.

Das Produktionserlebnis lässt ihn verändert zurück, er verändert sich in diesem Prozess (und möglicherweisen noch vielen weiteren Prozessen), an denen er erfahrend teilnimmt.

In der poetischen Sicht der Welt sind Philosophie, Wissenschaft und Kunst eins. Sie reflektieren nur unterschiedlich und werfen ein anderes Licht. Zugrunde liegt und zuerst ist das Wort. Es bildet die Welt aus als strukturale Information.

Am Anfang waren die Elemente der Kommunikation: die Elemente der Wechselwirkung, der Interaktion zwischen den physikalischen Entitäten, kurz: Am Anfang war das Wort. Es manipuliert die Welt, wie sie uns erscheint, erschafft sie immer neu.

Der Kosmos entsteht somit als poetischer Raum, das Geschaffene wird zum Schöpfer und der Schöpfer zur Schöpfung.

Alles, was *wir* über die Welt wissen, wissen wir mit Hilfe der Welt, aus der Welt und durch die Welt, wie sie sich ***in uns*** manifestiert.

Der poetische Raum ist wie der Kosmos selbst ein Raum der Formen. Die Geschichte des Kosmos, soweit wir sie kennen, ist eine Geschichte der Entstehung von Formen. Aus Formen entstehen neue Formen. Nichts im Kosmos ist ohne Form oder auf dem Weg zur Form.

Erläuterungen und Anmerkungen

InCanto

S. 9: *es gibt einen Krieg*, vgl. Leonard Cohen:

Es gibt einen Krieg zwischen denen, die sagen, dass es einen Krieg gibt, und denen, die sagen, dass es keinen Krieg gibt.

(*There is a War* aus: *New Skin for the Old Ceremony,* 1974)

S. 9: *spreng die Fesseln / flieh den Ort!*

wörtl.: sprenge die Fesseln (die Haftbande) / entfliehe den Feinden! (*insprinc haptbandun / inuar uîgandun!*)

Erster Merseburger Zauberspruch (althdtsch., 9. Jhdt.)

S. 11: vgl. Dylan Thomas: *wüte gegen das Sterben des Lichts* (aus: *Do not go gentle into that good night,* 1952)

S. 12: *träumende Zeit*: auch Traumzeit (dream time, the dreaming, *altjeringa*, ein Begriff ursprünglich aus der spirituellen Welt der australischen Ureinwohner:

Alles Leben, alle Formen und Ereignisse sind eine Projektion in die Zeit aus der Nicht-Zeit, dem Nirgendwo, aus dem Träumenden, dem Nicht-in-der-Zeit-Seienden. Wenn man so will, kann man in moderner Terminologie sagen, es handele sich um Projektionen in die vierdimensionale Raumzeit aus einem anders gearteten Gefüge heraus. Das macht sie, anders als Platons Ideenwelt, nicht zu etwas Immateriellem.

Zur Traumzeit kann eine spirituelle Verbindung hergestellt werden. Auf diese Weise können sich die zeitliche und die zeitlose Form vereinigen und mit anderen Lebewesen verbinden.

vgl. auch: Botho Strauß (*Lichter des Toren,* 2013):

In Wahrheit aber gab es keine Abfolge der Zeit, sondern nur aus gleicher Dauer auftauchende und wieder verschwindende Dinge, Menschen, Geschehnisse.

vgl. Joseph Campbell: *The Masks of God*, Bd. 1, *Primitive Mythology* (1968)

S. 13: *die Welt kehrt zurück / das Volk kehrt zurück:*

aus dem *Geistertanz / Sonnentanz* Ritual der Sioux und anderer Indianervölker entstanden um 1870. Der Tanz bis in einen trance-artigen Zustand sollte die Welt der Lebenden und der Toten verbinden und dazu führen, dass die Toten und die alten Traditionen und Lebensweisen zurückkehren konnten. Die Geisttanz-Bewegung endete 1890 nach dem Massaker von Wounded Knee.

Das Ritual wurde 1973 wiederaufgenommen, als Lakota und das American Indian Movement u.a. die Wiederaufnahme von Vertragsverhandlungen forderten und in Wounded Knee von FBI und US-Marshals eingeschlossen waren. Heute gibt es hunderte von Sonnentanz-Zeremonien jedes Jahr auf dem gesamten nordamerikanischen Kontinent.

S. 13: *nicht alles ist tot, was begraben ist* vgl. Heinrich Heine, *Elementargeister*: Die Schrift beginnt mit einem Rekurs auf die Niederlage der Sachsen und ihres Herzogs Wittekind gegen Kaiser Karl bei Engter, der mit dem Satz endet: „Nicht alles ist tot in Westfalen, was begraben ist."

Stillleben mit Köpfen

S. 14: *Ich habe einen Traum*: Martin Luther King: *I have a dream* in einer Rede vor Bürgerrechtlern im Jahre 1963

S. 14: *Zwei Gestalten*: Ein Foto des von Revolutionären hingerichteten Diktatoren-Ehepaares Ceausescu (1989), deren Köpfe nachträglich jemand zusammengerückt hatte, ging damals durch die Medien.

Also sprach

S. 17: vgl. Alkman, Fragment 89 (7. Jhdt. v. Chr.):

Es schlafen der Gebirge Gipfel und Täler / Klippen und Schluchten / und der Wald und alle Wesen, die von der schwarzen Erde genährt werden / und die Tiere, die in den Bergen ihr Lager haben und der Bienen Geschlecht / und die Wesen in den Tiefen der purpurnen See / es schlafen die Völker der flügelbreitenden Vögel.
(Übers. H. Fränkel)

Die heiße Scheiße der Republik

S. 18: Der Titel spiegelt den Ausspruch einer zeitgenössischen Politikerin. Der genaue Wortlaut war: *der heiße Scheiß der Republik*. Ihre Partei, so stellte die Abgeordnete Göring-Eckhard im März 2017 fest, sei gerade dies nicht mehr. Gemeint ist damit wohl so etwas wie „hip" oder aktuell, interessant.

S. 18: vgl. Gwendolyn Brooks: *We Real Cool* in: *The Bean Eaters* (1960)

Lagertage

S. 19: Anfang der 2000er fand sich im Feuilleton der FAZ ein Artikel über das Lagerleben in Auschwitz mit einem Foto, das eine geradezu idyllische Atmosphäre zeigte: Keine Diktatur ist 24/7 eine Diktatur. Kein Terror ist 24/7 reiner Terror. Dies zu verstehen, scheint eine notwendige Voraussetzung dafür, die Strukturen und Entstehung von Diktaturen zu erkennen, an denen man teilhat.

Totenfeier

S. 20: vgl. Friedrich Nietzsche: *Das Problem des Sokrates* in: *Götzendämmerung* (1889)

Lobpreis der Gegenwart

S. 21: vgl. *Then Come Back: The Lost Neruda* (2016):

Mir ist aufgegeben Zeilen zu schreiben / die niemand liest /
mir ist aufgegeben für Leute zu singen / die ich eines Tages /
nicht einmal treffen werde.
(meine Übers. a. d. englischen Übersetzung von Forrest Gander)

S. 23: vgl. Konstantinos Kavafis:

die größte Ehre aber sei ihnen / wenn sie vorhersehen, wie viele es
tun / dass Ephialtes am Ende erscheinen wird / und die Perser schließ-
lich durchbrechen werden.
Thermopylen (1903), meine Übers.

Zwischenzeiten

S. 25: *Menschenpark:* vgl. Peter Sloterdijk: *Regeln für den Men-
schenpark* (1999)

Wortmaschine

S. 30: *Wortmaschine aus der die Welt endlos hervorquillt*:

So wie die Traumzeit Gestalten, Formen und Figuren immer
wieder neu hervorbringt, entstehen aus der Wortmaschine
immer wieder andere Wort-Welten der menschlichen Wirklich-
keit wie auch des poetischen Raums.

S. 31: Fomalhaut: Hier wurde erstmals ein Exoplanet direkt im
optisch sichtbaren Licht nachgewiesen (2008). Andere Entde-
ckungen vorher waren indirekt oder wurden im Infrarot ge-
macht.

S. 33: vgl. Jorge Manrique: *Unsere Leben sind die Flüsse / die fließen
ins Meer / das ist das Sterben*

(Aus: *Stanzen über den Tod seines Vaters*, 1476, meine Übers.)

S. 36: vgl. James Elroy Flecker: Wir sind die Pilger, Herr; wir werden / immer etwas weitergehen...

The Golden Journey to Samarkand (1913)

S. 37: Die Vorstellung des Golem ist etwa im 4. Jahrhundert entstanden und findet sich seit dem Mittelalter immer wieder in der jüdischen Literatur. Die bekannteste Version der Legende vom Golem stammt aus dem Prag des 16. Jahrhunderts und ist eng mit dem Rabbi Loew, dem damaligen geistigen Oberhaupt der Juden in der Stadt verknüpft, auch bekannt als der Maharal (hebr. Acronym für *unser Lehrer Rabbi Loew*).

vgl. Yudl Rosenberg: *Der Golem and die wundersamen Taten des Maharal von Prag* (1909)

Herr B. bekennt sich geirrt zu haben

S. 47: vgl. Bertold Brecht: *Seeräuber Jenny* aus: *Dreigroschenoper* (1928); *Das Lied von der Moldau* (1944)

Orpheus singt nicht mehr

S. 54: vgl. Ovid: Der mythische Sänger Orpheus wurde von Mänaden, i.e. Frauen, die sich im Dienste ihres Gottes Dionysos restlos zudröhnten, in Stücke gerissen, und sein Kopf und seine Leier wurden in einen Fluss geworfen. Pausenlos weiter singend, begleitet von seiner mitschwimmenden Leier, gelangte er mit dem Fluss ins Meer, um schließlich am Strand der Insel Lesbos anzulanden. Dort brachte ihn der Gott Apollon endlich zum Schweigen.

Ovid, Metamorphosen, Buch XI, ca. 8 n. Chr.

S. 54: Der Silbermond ist untergegangen / die Plejaden sind fort

vgl. Sappho: Etwa zu der Zeit als Orpheus zum ersten Mal in der griechischen Literatur erwähnt wird, 7./6. Jahrhundert v. Chr., lebt auf Lesbos die Dichterin Sappho und schreibt:

Der Mond und die Plejaden sind untergegangen. Es ist Mitternacht.
Die Zeit vergeht und ich liege allein.

(Fragment 52, meine Übers.)

Praktische Poesie

S. 71: Die Geschlechterklassifizierung **m,w,n,t,u** in diesem Text
geht zurück auf eine Idee von Iain M. Banks, in dessen Kultur-
Romanen die Angehörigen der „Kultur" ihr Geschlecht mit Hilfe
eigener Hormondrüsen beliebig wechseln können, wenngleich
der Vorgang etwas Zeit in Anspruch nimmt, also nicht ganz
spontan ist.

Meine Klassifizierung kann natürlich nur vorläufig sein. Vieles
deutet darauf hin, dass die Entwicklung hier erst begonnen hat.

Epilog

S. 73: vgl. Botho Strauß (*Lichter des Toren*, 2013): Als Untergang
noch ein Gedicht war, lagen dem Dichter letzte Spuren von Ragnarök
im Blut. Die immerzu simulierte Apokalypse löscht jede Tiefenahnung
von ihr.

Zum Text der vorliegenden Ausgabe

Dieser Text enthält im Vergleich zur ursprünglichen Ausgabe von Mai 2017 eine Reihe von Korrekturen redaktioneller Art sowie die Orthographie und Zeichensetzung betreffend.
Um eine einfache Unterscheidung der Ausgaben zu ermöglichen wurde dieser Ausgabe eine Versionsnummer mitgegeben (InCanto_Ver_220817_CSP).

Außerdem wurde dem Text im Vergleich zur Taschenbuchausgabe noch ein Epilog beigegeben, der aus einem Text und einem kurzen (einigermaßen zügig zu spielenden) Klavierstück besteht (die Oktaven am Ende möglichst laut und hart), in der guten Hoffnung, dass auf diese Weise die Kommunikation emotional verbreitert wird.
Den Schluss bilden einige Erläuterungen und Anmerkungen, die u.a. deutlich machen sollen, dass auch die Texte dieses Bandes Bezüge haben, die weit in die Vergangenheit unserer westlichen Zivilisation bzw. der Menschheit an sich zurückreichen.

Über die Cover-Fotos

Die Fotos entstammen einer Serie von Fotos, die der Fotograf Peter Weber 1979 – 1980 in dem Duisburger Stadtteil Hochfeld gemacht hat. Die Serie wurde zuletzt 2017 in Duisburg in der *Kulturwerkstatt Meiderich* ausgestellt. Ein Katalog ist unter dem Titel *Serie Grün trifft Hollywood in Hochfeld* im Handel erhältlich.

Über den Autor

Der Autor war bisher vor allem als Übersetzer tätig. U.a. übersetzte er einige Werke des Kurdenführers Abdullah Öcalan ins Englische, darunter *The Roots of Civilization* (2007) und *Prison*

Writings (2011). Auf Deutsch erschien 2012 *Mann ohne Verantwortung* über die Love-Parade-Tragödie in Duisburg 2010; Lesungen und Interviews in den *Garden Court Chambers* (London) und der *Rattansi and Ridley Show* auf Sky London (2011).

Ansonsten: Studium von Biologie und Philosophie, Arbeit als Programmierer, Softwareingenieur, Übersetzer, Dolmetscher, Soldat, Koch, Kellner, Kneipenmanager, Ghostwriter u.a. Zahlreiche Pro-Bono-Tätigkeiten, darunter NGO-Vertreter bei den UN in Genf.